AF381336

ANALIZA PESTLE

INFORMAȚII CHEIE

- **Nume:** **Analiza PESTLE**, analiza PESTEL, cadrul PESTLE.

- **Utilizări:** analiza PESTLE permite managerului să identifice principalii factori macroeconomici care pot avea o influență asupra dezvoltării viitoare a afacerii.

- **De ce are succes?** Identificarea variabilelor macroeconomice viitoare care ar putea fi de interes și construirea diferitelor scenarii permit managerului să anticipeze mai bine deciziile strategice necesare pentru a asigura dezvoltarea adecvată și durabilitatea afacerii.

- **Cuvinte cheie:**

  - <u>Avantaj competitiv</u>: un atu care permite unei organizații să se evidențieze în mod pozitiv și să devanseze concurenții săi într-un anumit sector.

  - <u>Strategie concurențială</u>: metodologie implementată cu scopul de a maximiza succesul afacerii prin inovare și avantaje mai mari decât cele ale concurenței.

  - <u>Situația economică</u>: poziția generală a unei entități, determinată de toate elementele sale politice, economice și sociale.

ANALIZA PESTLE

Înțelegeți și planificați mediul de afaceri

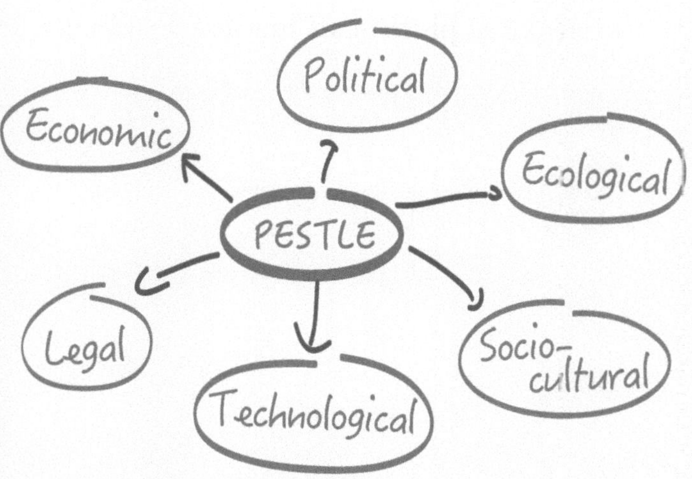

50MINUTES.com

ANALIZA PESTLE

Înțelegeți și planificați mediul de afaceri

scris de Thomas del Marmol
tradus de Alina Dobre

- Variabila pivot: un element de importanță crucială care poate influența în mare măsură dezvoltarea companiei.

- Scenariu: proiecția teoretică probabilă pentru un viitor apropiat sau îndepărtat.

COMPANIA ȘI MEDIUL SĂU

Caracterizată de un mediu în continuă schimbare, societatea noastră actuală diferă în multe privințe de ceea ce a fost înainte. Adaptarea la mediul în schimbare și competitiv a devenit acum o necesitate pentru orice manager care dorește să își mențină afacerea pe linia de plutire și să o ajute să prospere în anii următori. Mediul înconjurător (dimensiunea macroeconomică) s-a dovedit a fi, de fapt, o sursă de oportunități și amenințări pentru orice companie de pe piață, indiferent de industria sau sectorul în care activează.

Prin urmare, o anticipare confirmată a fenomenului macroeconomic lambda va oferi în curând un avantaj competitiv direct pentru manager, dacă îi va permite să reacționeze eficient înaintea concurenților. Pe de altă parte, în cazul în care un manager subestimează un eveniment important de pe piață, acesta se va găsi rapid în dificultate în fața concurenților ale căror previziuni sunt mai complete, deoarece va trebui să se confrunte cu strategiile competitive și agresive ale acestora. De exemplu, companiile care nu au anticipat la timp expansiunea și oportunitățile oferite de internet au trecut prin momente dificile la începutul mileniului.

Deoarece capacitatea de a prezice anumite evenimente viitoare pare a fi cheia succesului, a bunei dezvoltări și chiar, în unele cazuri, a supraviețuirii unei companii, există întotdeauna persoane care susțin, după o schimbare în mediul înconjurător, că indicatorii se îndreptau oricum în mod inevitabil în acea direcţie. Cu toate acestea, anticiparea acestor indicatori este departe de a fi ușoară și nimeni nu are un glob de cristal pentru a prezice viitorul.

În acest context de incertitudine a apărut analiza PESTLE, care are ca scop identificarea și analiza variabilelor macroeconomice relevante pentru o organizație într-un mediu specific.

DEFINIREA MODELULUI

Analiza a primit denumirea PESTLE, cu referire la acronimul format de inițialele celor șase categorii de variabile macroeconomice incluse în model (politic, economic, socio-cultural, tehnologic, juridic și de mediu). În primul rând, modelul permite managerilor să identifice variabilele macroeconomice care trebuie luate în considerare pentru dezvoltarea afacerii (oportunități vs. riscuri potențiale), a căror probabilitate este încă relativ incertă. Apoi, modelul poate ajuta managerul să înceapă să conceptualizeze diferite scenarii bazate pe aceste variabile incerte pentru a prezice mai bine ceea ce s-ar putea întâmpla și pentru a lua acum deciziile corecte pentru viitor.

👁 Care este macro-mediul?

Mediul unei organizații poate fi împărțit în trei straturi distincte:

concurenții și piața;

industria (adică sectorul corporatist);

macro-mediul, stratul cel mai înalt, care constă în factori de mediu generali care afectează într-o măsură mai mare sau mai mică aproape toate organizațiile. (Johnson et al., 2008).

TEORIE

CONTEXT ȘI CONCEPT

Originea analizei PESTLE rămâne relativ neclară. Cu toate acestea, unii autori sunt de acord că primele urme ale apariției sale pot fi găsite în cartea lui Francis J. Aguilar, *Scanning the Business Environment* (1967). La acea vreme, modelul a fost denumit analiza PEST, care corespunde categoriilor inițiale de variabile macroeconomice: politică, economică, socio-culturală și tehnologică.

A fost folosită și perfecționată în anii 1970 și 1980 de mai mulți autori notabili: Liam Fahey (director al organizației de consultanță Leadership Forum Inc. și profesor de management la Boston College), Vadake K. Narayanan (profesor de management la Drexel University) și Arnold Brown (manager de proiect de consultanță), pentru a numi doar câțiva dintre aceștia. Din aceste diferite lucrări, au apărut diverse extensii ale modelului inițial sub numele de analiză PEST, SLEPT sau STEEPLE. În cele din urmă, au fost reținute variabilele suplimentare «juridice» și «de mediu», rezultând modelul PESTLE, care este cel mai larg acceptat în prezent. Cu toate acestea, rețineți că unii preferă să combine aspectele «politice» și «juridice» sub un singur termen «politic juridic», creând acronimul PESTE.

Colecția de variabile

Deoarece acesta este un model popular și utilizat în mod regulat, atât pentru completarea planurilor de afaceri, a strategiilor de producție sau de marketing, cât și pentru lansarea de noi proiecte (de exemplu, atunci când se dezvoltă un nou produs pe o piață pe care întreprinderea nu a intrat încă), abordarea trebuie să fie specifică.

Obiectivul principal al analizei PESTLE este identificarea schimbărilor macroeconomice inevitabile care ar putea avea un impact semnificativ asupra dezvoltării unei companii (în ceea ce privește produsele sale, marca sa sau chiar întreaga sa organizație). Prin urmare, nu este vorba despre realizarea unui studiu cuprinzător al mediului extern: analiza aprofundată a variabilelor macroeconomice este relevantă doar în raport cu o anumită companie, astfel încât aceasta să poată anticipa schimbările care vor avea loc probabil la scara sa.

Într-adevăr, dintre toate evenimentele macroeconomice care vor avea loc în anii următori, doar unele dintre ele vor exercita o influență reală asupra evoluției companiei. Prin urmare, este responsabilitatea managerulu să facă distincția între variabilele care pot afecta direct sau indirect organizația și cele care vor avea doar un impact minor asupra sustenabilității acesteia. Prin urmare, un director din fruntea unei companii petroliere nu va reacționa la recentele descoperiri privind contribuțiile gazelor de șist în același mod ca un director al unei companii de transport maritim sau ca proprietarul unui magazin de sandvișuri!

Variabilele macroeconomice sunt clasificate în şase categorii distincte, deşi relativ interdependente.

Fig. 2 – Cele 6 variabile ale analizei PESTLE

- **Variabile politice.** Tendinţele politice dintr-o ţară (presiunea guvernamentală, politica monetară etc.) influenţează în mod semnificativ întreprinderea care alege să se instaleze în această ţară: autorităţile publice stabilite iau din ce în ce mai multe decizii care pot avea un impact direct asupra operaţiunilor zilnice şi asupra perspectivelor financiare (dobânzi noţionale etc.) şi sociale (asistenţă pentru ocuparea forţei de muncă, subvenţii etc.) ale unei întreprinderi. Ar trebui luate în considerare şi alte elemente, cum ar fi conflictul, nivelul de corupţie sau gradul de intervenţie a statului. În plus, un antreprenor care lansează o afacere comercială într-o ţară cu un conflict guvernamental perpetuu ar trebui să se asigure că răspunde nevoilor locuitorilor indigeni, care vor fi diferite de cele ale celor care trăiesc într-o ţară cu stabilitate şi pace. Reţineţi, de asemenea, că există organisme precum Comisia Europeană şi Organizaţia Mondială a Comerţului (OMC) care reglementează politicile comerciale internaţionale.

- **Variabile economice.** Deşi este practic imposibil pentru o companie să schimbe situaţia economică, aceasta poate cu siguranţă să se pregătească pentru a face faţă mai bine fluctuaţiilor. Observarea evoluţiei PIB-ului unei ţări, a ratelor sale de impozitare şi a creşterii puterii de cumpărare a locuitorilor se va dovedi crucială pentru a deţine toţi factorii necesari pentru luarea deciziilor manageriale. Succesul economic al unei afaceri implică, de asemenea, observarea cifrelor cheie relevante pentru sectoru respectiv și analiza tendințelor de consum. Astfel, anticiparea unei scăderi semnificative a puterii de cumpărare permite întreprinderii să își adapteze strategia globală pentru a minimiza pierderile.

- **Variabile socio-culturale.** Cunoașterea caracteristicilor unei populații (date demografice, distribuția pe vârste etc.) pentru a înțelege comportamentul de cumpărare al acesteia este esențială pentru a cuceri o piață. În plus, istoria (rădăcini și tradiții), precum ș influențele religioase și socio-culturale (modă, mass-media, mijloace de comunicare etc.) permit întreprinderii să își perfecționeze analiza nevoilor specifice ale persoanelor implicate. De exemplu, cetățenii din țările mediteraneene dezvoltă nevoi diferite în multe privințe față de cele ale omolog lor lor din țările baltice, din cauza culturii lor, a climei în care trăiesc sau a religiei lor.

- **Variabile tehnologice.** În prezent, mulți experți sunt ocupați să lucreze în fiecare colț al planetei, încercând să revoluționeze procesele existente. În timp ce unele dintre aceste descoperiri nu sunt susceptibile de a influența piața țintă, altele au poterțialul de a răsturna complet norma. Revoluția internetului a venit ca o surpriză pentru mulți manageri, iar cei care au anticipat creșterea utilizării sale au obținut un avantaj competitiv semnificativ. Prin urmare, pare firesc să se investigheze practicile în materie de cercetare și dezvoltare (R&D) și inovare în domeniul ales (activitatea principală) al întreprinderii. Reevaluarea continuă a produsului, precum și a proceselor implicate în pregătirea și achiziționarea acestuia de către client, reprezintă cheia unei observări tehnologice de succes.

- **Variabile juridice.** Informarea cu privire la reglementările (legislația muncii, legislația comercială etc.) din țara în care se află sau va fi amplasată compania – deoarece legislația variază de la un loc la altul – este în prezent una dintre cele mai bune modalități de a proteja compania de posibile atacuri juridice și de a acționa în cel mai bun mod posibil în cadrul constrângerilor legale. De exemplu, reglementările privind portul de arme nu sunt aceleași în toate țările, iar orice comerciant avizat care dorește să se angajeze în acest sector își va adapta rapid comunicarea și distribuția în funcție de legislația în vigoare în țara respectivă. Stimulentele fiscale pot, de asemenea, să determine un manager bine informat să se orienteze către anumite țări mai degrabă decât către altele.

- **Variabile de mediu.** Secolul XXI este o continuare a secolului XX, plasând mai mult ca niciodată mediul și dezvoltarea durabilă în centrul dezbaterilor. Schimbările climatice îngrijorătoare, poluarea în continuă creștere, sortarea deșeurilor care variază de la o țară la alta etc.: în prezent, aceste aspecte interesează și preocupă din ce în ce mai mulți oameni și pe cei care îi conduc. Această preocupare are uneori un impact direct asupra lumii comerciale. Controlul consumului de energie sau al nivelului de poluare sunt două exemple dintre numeroasele măsuri luate de autoritățile regionale, naționale și/sau internaționale. Acestea pot influența desfășurarea operațiunilor unei organizații. Între timp, se creează noi piețe: de exemplu, în cazul produselor ecologice.

Tabelul de mai jos prezintă un rezumat al principalelor variabile macroeconomice pentru fiecare categorie identificată. Această listă neexhaustivă ar trebui completată în funcție de sectorul de activitate și de țările specifice fiecărei societăți.

Identificarea variabilelor pivot

Principala dificultate a exercițiului constă în identificarea variabilelor relevante în legătură cu o anumită societate. Riscul, în cazul în care sortarea nu este bine făcută, este de a ajunge să se obțină atât de multe informații încât nu se poate acorda atenția cuvenită fiecăreia dintre ele și, prin urmare, se vor rata oportunități sau amenințări iminente. Prin urmare, este esențial să se identifice variabilele pivot pentru a înțelege mai bine evenimentele viitoare cruciale pentru companie.

Variabilele pivot sunt «factorii care ar putea afecta în mod semnificativ structura unei industrii sau a unei piețe» (Johnson et al., 2008: 64). În consecință, aceste variabile sunt diferite în funcție de tipul de industrie și de piață – deși unii susțin că toate întreprinderile se confruntă cu aceleași amenințări, deoarece globalizarea piețelor continuă să crească și organismele care reglementează comerțul internațional sunt create în mod constant. În plus, acestea variază în timp, ceea ce duce la o permanentă punere sub semnul întrebării a datelor utilizate. Fie că este vorba de gusturile consumatorilor sau de situația economică, lucrul într-un mediu volatil îl obligă pe manager să consulte sau să solicite în mod regulat studii de piață sau să meargă «pe teren» pentru a verifica relevanța acestor variabile.

Construirea de scenarii

După ce datele sunt colectate, identificate și clasificate, pe baza variabilelor pivot, în funcție de probabilitatea și impactul potențial al acestora, managerul va trebui să construiască scenarii. Acestea reprezintă alternative posibile pentru viitorul companiei. De exemplu, una dintre variabilele pivot ale sectorului imobiliar este direct legată de ratele ipotecare care permit persoanelor fizice să își facă investițiile. În acest caz, șeful unei companii de construcții își va imagina diferite scenarii: unul în care rata crește ușor, un al doilea în care scade puternic, un al treilea în care stagnează etc.

AVANTAJELE UTILIZĂRII MODELULUI PESTLE

Deși analiza PESTLE nu are pretenția de a prezice ce ne rezervă viitorul, ea se dovedește totuși utilă pentru a iniția discuții proactive și constructive despre viitorul companiei. Utilizarea adecvată a acestui instrument face posibilă detectarea potențialelor oportunități și amenințări pentru companie, care se pot transforma rapid într-un avantaj competitiv semnificativ. Modelul

PESTLE favorizează o viziune globală, posibilitatea de a face un pas înapoi şi o anumită flexibilitate.

Utilizarea scenariilor este deosebit de utilă atunci când există un număr redus de variabile pivot cu un grad ridicat de incertitudine. Acestea pot conduce la două viitoruri radical diferite pentru companie, iar managerul este cel care trebuie să identifice corect răspunsurile la fiecare dintre ele şi, mai ales, contribuția potențială a acestora la performanța companiei. În funcție de diferitele scenarii descrise, este posibil să se anticipeze reacțiile ideale în cazul în care oricare dintre ele se materializează. De asemenea, este logic să se cuantifice probabilitatea de apariție a fiecărui scenariu, pentru a pregăti din timp elementele necesare pentru succesul întreprinderii în scenariul cel mai probabil.

Odată identificate diferitele scenarii, managerul și consilierii săi trebuie să analizeze în detaliu fiecare dintre ele, să evalueze probabilitatea de materializare şi impactul direct pe care l-ar avea asupra societății.

APLICAȚIE PRACTICĂ

SFATURI ȘI SFATURI DE TOP

Sortarea și dezvoltarea informațiilor

Colectarea datelor macroeconomice implică uneori includerea unor informații care nu sunt întotdeauna complet fiabile. Prin urmare, se recomandă cu insistență ca managerul să testeze imediat adevărul de bază pentru a verifica dacă acesta este corect. În acest caz, este, de asemenea, esențial să se compare în mod constant informațiile colectate cu noile date de pe piață.

În ceea ce privește clasificarea propusă mai sus, se pare că multe variabile sunt interdependente. Într-adevăr, introducerea unei taxe de poluare se referă atât la aspectele juridice, cât și la cele de mediu. În mod similar, apariția unei noi tehnologii poate afecta anumite aspecte economice și socio-culturale ale unei țări. Astfel, chiar dacă clasificarea sugerată este utilă pentru manager – care trebuie să facă o triere între variabile -, nu este necesar ca aceasta să fie aplicată sistematic în fiecare detaliu. De fapt, importanța clasificării variabilelor într-o categorie sau alta este relativă: de exemplu, a petrece ore întregi pentru a decide dacă politica fiscală a unei țări este legată mai mult de categoriile politică, economică sau juridică nu prezintă un interes major. Fiind în primul rând o metodă structurată de enumerare a diverselor influențe macroeconomice asupra companiei, adevărata provocare constă în identificarea relevanței acestor date și a impactului lor potențial asupra organizației. Pentru a facilita trierea informațiilor, poate fi utilă și compararea cu evenimentele anterioare care au avut un impact asupra sectorului.

Construirea de scenarii oferă o viziune cuprinzătoare asupra situațiilor viitoare posibile, dar nu trebuie realizată în mod prea specific în orice caz: analiza PESTLE nu încearcă să dicteze orientări specifice, ci mai degrabă să inițieze discuții despre posibilele decizii strategice care trebuie luate în cazul în care o situație descrisă într-unul dintre scenarii se materializează. În general, este recomandabil să se aleagă un număr par de scenarii (două sau patru) pentru a evita tentația de a favoriza scenariul intermediar.

Aplicații

Există multe momente și situații în care o analiză PESTLE este adecvată:

* **Lansarea unei noi afaceri.** Crearea unui plan de afaceri, care este necesar pentru a convinge acționarii să investească în companie, necesită utilizarea unor instrumente strategice pentru a demonstra o analiză amănunțită a pieței și a atractivității acesteia pentru consumatori. În acest context, analiza PESTLE le poate dovedi investitorilor că mediul macroeconomic

este favorabil dezvoltării unei companii pe piaţă sau, dacă nu este cazul, cel puţin le atrage atenţia asupra faptului că societatea este conştientă de variabilele de risc şi că există o modalitate de a le compensa.

- **Dezvoltarea de noi produse sau lansarea de noi proiecte.** În mod similar, analiza PESTLE îi permite managerului să evalueze dacă mediul este pregătit să primească un nou produs pe piaţă. Decizia de a întreprinde un nou proiect poate face, de asemenea, obiectul unei analize detaliate.

- **Reevaluarea organizării societăţii.** Alegerile făcute în timpul creării întreprinderii pot deveni rapid depășite în faţa evoluţiei constante a majorităţii pieţelor. Într-adevăr, gusturile populaţiei se pot schimba rapid, condiţiile economice fluctuează, apar noi tehnologii etc. Strategia întreprinderii trebuie reevaluată în permanenţă, prin actualizarea periodică a analizei PESTLE şi a altor instrumente de diagnosticare, pentru a include evenimentele recente.

- **Procesul decizional al strategiei de marketing.** Cunoaşterea variabilelor macroeconomice ale unui sector, în special la nivel socio-cultural, poate fi crucială pentru a comunica în mod corespunzător cu publicul său. Care sunt normele culturale ale regiunii? Care este istoria ţării? Aceste întrebări vor ajuta la evitarea unor greşeli costisitoare în timp şi bani pentru compania care doreşte ca produsul său să fie adoptat de o parte a populaţiei.

Extrapolare

Variabilele colectate vor fi interpretate în moduri diferite, în funcție de experiența și pregătirea persoanelor care le analizează. Un economist nu va percepe implicațiile unei schimbări de guvern în același mod ca un avocat sau un sociolog.

Deoarece interacțiunea experților permite anticiparea optimă a implicațiilor unei variabile nou identificate, devine esențial să se lucreze cu persoanele potrivite.

Analiza sectorului

Activitatea pregătitoare desfășurată cu ajutorul analizei PESTLE îl ajută pe manager să ia deciziile relevante în domeniu, cele care vor asigura sustenabilitatea companiei. Acestea vor avea un impact direct și indirect asupra proceselor și activității tuturor membrilor organizației.

Prin urmare, deciziile luate folosind cadrul analizei PESTLE ar trebui împărtășite cu întreaga organizație, pentru a reuni echipa în jurul unei viziuni comune care să fie înțeleasă și asumată de toți. Sprijinul întregii organizații este poate una dintre cheile majore ale succesului în ceea ce privește deciziile care decurg din analiza PESTLE. Punerea în aplicare a deciziilor luate în ceea ce privește viața de zi cu zi a întreprinderii va fi facilitată.

STUDIU DE CAZ

Grupul poştal belgian (bpost)

În 1790, în Belgia a apărut oficiul poştal municipal. Activităţile sale s-au dezvoltat continuu până când a devenit societatea pe acţiuni bpost pe care o cunoaştem astăzi. Deşi reforma din 1963, care a impus ca fiecare locuinţă să aibă o cutie poştală, a dat un adevărat impuls dezvoltării poştei obişnuite, compania se confruntă cu noi provocări de la începutul anilor 2000. Apariţia unor noi mijloace de comunicare şi utilizarea din ce în ce mai populară a internetului au schimbat oarecum situaţia într-un sector în care hârtia domina odinioară. În plus, în timp ce bpost monopoliza cândva piaţa poştei, concurenţa s-a deschis în 2011, zdruncinând din nou modurile operaţionale cu care bpost era obişnuită.

În acest context perturbat, compania a decis să lanseze un nou serviciu în 2013: *Shop and Deliver* sau «bpost by appointment», care are ca scop livrarea cumpărăturilor la domiciliul clienţilor în funcţie de comenzile plasate în prealabil pe site-ul lor. Pentru a face acest lucru, obiectivul companiei este de a încheia parteneriate cu comercianţi deja stabiliţi pe piaţă pentru a satisface un număr cât mai mare de persoane. Bpost se bazează astfel pe relaţia de încredere pe termen lung pe care o are deja cu părţile interesate: pe de o parte, compania oferă un mediu pentru vânzători, asemănător unei platforme de comerţ electronic, permiţându-le să ajungă la persoanele care fac cumpărături online, iar, pe de altă parte, clienții bpost mail beneficiază de un serviciu de livrare la domiciliu a cumpărăturilor în zilele lucrătoare, între orele 17.00 și 21.00. Aceștia își pot selecta produsele de pe internet și pot alege o locație de livrare și un interval orar pentru prețul unic de 9,95 euro pe colet.

Analiza PESTLE finalizată

După cum s-a discutat mai sus, atunci când se decide lansarea unui nou proiect, ar putea fi înțelept să se utilizeze analiza PESTLE pentru a înțelege pe deplin aspectele legate de variabilele macroeconomice viitoare. În acest caz, variabilele relevante selectate pentru această analiză se referă la lansarea proiectului *Shop and Deliver* pe care bpost dorește să îl implementeze.

Construirea de scenarii

Odată ce variabilele necunoscute au fost identificate, managerul va construi diferite scenarii pentru a anticipa evoluția probabilă a acestor variabile și impactul lor asupra întreprinderii. Având în vedere numărul mare de variabile colectate pentru acest studiu de caz, ne vom concentra asupra construirii a patru scenarii pentru variabilele socio-culturale.

Succesul proiectului depinde atât de acceptarea serviciului de către publicul larg, cât și de extinderea vânzărilor prin intermediul comerțului electronic. Îndeplinirea acestor două condiții se bazează pe o serie de aspecte incalculabile, motiv pentru care este esențial să se construiască diferite scenarii. Diagrama de mai jos prezintă diferitele scenarii de evoluție a întreprinderii în funcție de materializarea variabilelor.

De acum înainte, compania poate prevedea toate situațiile posibile: managerul trebuie să fie pregătit să răspundă în cel mai bun mod posibil la fiecare scenariu și să ofere soluții adaptate în cazul în care se produce unul dintre ele.

Concluzie

- În concluzie, deși bpost rămâne o companie deținută în cea mai mare parte de statul belgian, de-a lungul anilor a câștigat din ce în ce mai multă independență, astfel încât nu mai poate supraviețui din ajutorul public sau din activele sale, ceea ce o încurajează pe deplin să devină foarte competitivă.

- Activitatea sa de bază suferă de o imagine proastă, precum și de o activitate redusă din cauza multor factori negativi. Are tot interesul de a folosi probele tehnologice și profitabilitatea sa (17,96% marja EBIT normalizată în 2013) pentru a opera o serie de diversificări strategice, inclusiv *Shop and Deliver*, pentru a se pregăti pentru schimbările de stil de viață ale consumatorilor care folosesc din ce în ce mai mult comerțul electronic pentru a-și face cumpărăturile.

- Activitatea «*Shop and Deliver*» a societății va asigura venituri suplimentare, permițându-i acesteia să își diversifice sursele de profit. Propunerea de proiect a fost aprobată de conducere: aflată în prezent în faza

de dezvoltare, aceasta va fi lansată în mod corespun-
zător în lunile următoare. Doar timpul va spune dacă
acest proiect se va solda cu un succes sau cu un eșec
lamentabil.

- Deși utilizarea analizei PESTLE este într-adevăr rele-
vantă în acest caz, ea rămâne insuficientă. De fapt,
această analiză trebuie să fie completată de o inves-
tigație aprofundată a punctelor forte și a punctelor
slabe ale întreprinderii pentru a identifica principa-
lele sale atuuri în căutarea integrării în mediul său și
a profitabilității: amenințările și oportunitățile (ana-
liza SWOT), precum și deschiderea pieței către concu-
rență (analiza celor cinci (+1) forțe ale lui Porter) ar
trebui să fie luate în considerare în mod corespunză-
tor pentru a nu omite niciun aspect și pentru a obține
cele mai bune previziuni posibile.

IMPACT

LIMITĂRI ȘI CRITICI

Deși modelul este foarte popular în rândul managerilor de afaceri, analiza PESTLE, ca orice alt model strategic, are totuși o serie de limitări.

- **Viziunea globală relativă.** Una dintre principalele limitări este, de fapt, rezultatul unuia dintre cele mai populare beneficii ale modelului: dorind să acopere un spectru larg de variabile macroeconomice, managerul se poate trezi rapid copleșit de cantitatea de informații cu care se confruntă în mod inevitabil. De fapt, există o diferență uriașă între a sublinia importanța clasificării variabilelor macroeconomice relevante și a face acest lucru în practică. La un moment dat, toate variabilele par importante, iar numărul de scenarii care trebuie construite este atât de mare încât Steve Jobs însuși ar avea dificultăți în a trage concluzii relevante! A fi competent nu este întotdeauna suficient pentru a identifica variabilele pivot. Uneori este necesar să ai o intuiție bună și să o pui la îndoială: de exemplu, înconjurându-te de o echipă multidisciplinară capabilă să dezvolte inteligența colectivă și mizând pe o bună parte din noroc. Cu toate acestea, norocul poate fi influențat de o muncă riguroasă și de o analiză cât mai amplă.

- **Scenarii nesigure.** Situațiile sunt deseori diferite în practică față de cele teoretice, iar ceea ce se preconizează nu coincide întotdeauna cu realitatea. Din acest punct de vedere, instrumentul pare util, dar nu posedă o fiabilitate concretă.

- **Lipsa de obiectivitate.** S-a observat că mulți manageri optează pentru implementarea a trei scenarii distincte pentru o variabilă pivot: un scenariu optimist, un scenariu pesimist și un scenariu de mijloc. Deși această tactică îi dă managerului impresia că este cât se poate de obiectiv atunci când elaborează o strategie, în realitate, aceasta îl obligă adesea să ignore celelalte două scenarii în favoarea scenariului de mijloc. Și ce rost are să construim mai multe scenarii dacă, în cele din urmă, ne interesează doar unul dintre ele?

- **Un impact imposibil de cuantificat. În cele din** urmă, fiți conștienți de faptul că, deși este posibil să se determine schimbările macroeconomice majore care ar putea afecta piața cu ajutorul acestui model, impactul specific al acestor variabile asupra sectorului rămâne dificil de judecat și chiar mai dificil de cuantificat.

MODELE ȘI EXTENSII CONEXE

Deoarece analiza PESTLE se referă doar la unul dintre cele trei niveluri ale mediului organizației, o analiză bazată doar pe variabilele sale nu poate fi considerată relevantă pentru dezvoltarea unei strategii pentru companie.

Deși pare interesantă la început (pentru a identifica tendințele majore din macro-mediu), diagnosticul

PESTLE trebuie completat cu alte instrumente care studiază mediul apropiat organizației, adică macro-mediul acesteia: industria, concurenții direcți etc. Ulterior, analiza celor cinci (+1) forțe ale lui Porter și analiza SWOT completează reflecția asupra strategiei întreprinderii.

Analiza celor cinci (+1) forțe Porter

Elaborată de profesorul american Michael Porter în 1979, analiza celor cinci (+1) forțe ne permite să observăm atractivitatea unei industrii și să identificăm comportamentele concurențiale ale acesteia. Modelul se bazează pe conceptul de avantaj competitiv. Prin urmare, este de datoria managerului să observe principalele forțe competitive din industrie pentru a înțelege și a evalua mai bine puterea fiecăruia dintre concurenții actuali și potențiali.

CE ESTE AVANTAJUL COMPETITIV?

Conceptul de avantaj competitiv se bazează pe «toate caracteristicile sau atributele deținute de un produs sau de o marcă care îi conferă o anumită superioritate față de concurenții săi imediați. Aceste caracteristici sau atribute pot fi de natură variată și se referă la produsul în sine [...], la serviciile necesare sau adăugate care însoțesc serviciul de bază, sau la condițiile de producție, de distribuție sau de vânzare ale produsului sau ale întreprinderii» (Lambin și de Moerloose, 2008: 250).

Aceste forțe reprezintă:

- puterea de negociere a furnizorilor

- puterea de negociere a clienților

- amenințarea noilor intrați pe piață

- produse de substituție

- concurența interindustrială

- rolul statului (inclus mai târziu).

Sarcina de a evalua forțele relevante revine managerului: obiectivul este de a determina atractivitatea actuală și viitoare a sectorului, adică perspectivele de dezvoltare și performanța afacerii lor. În general, analiza celor cinci (+1) forțe a lui Porter se încheie prin identificarea factorilor cheie de succes care permit dezvoltarea optimă a companiei.

Analiza SWOT

Dezvoltată în anii 1960 de mai mulți profesori de la Harvard Business School, analiza SWOT are ca scop să tragă principalele concluzii din factorii de interes legați de caracteristicile și mediul companiei. Numele modelului este rezultatul acronimului format din cuvintele «Strengths» (puncte forte), «Weaknesses» (puncte slabe), «Opportunities» (oportunități) și «Threats» (amenințări). Astfel, este responsabilitatea decidentului să identifice principalele puncte forte și puncte slabe ale întreprinderii și să fie conștient de oportunitățile și amenințările cu care se confruntă sectorul.

Interesul analizei SWOT constă mai mult în concluziile sale decât în enumerarea caracteristicilor întreprinderii și ale sectorului. Pentru manager, concluziile vor fi toate punctele de interes și de reflecție care vor permite elaborarea unei strategii adaptate la întreprindere, atât în ceea ce privește mediul intern, cât și cel extern.

CONVERGENȚA MODELELOR

Un manager experimentat va înțelege rapid beneficiile utilizării complementare a acestor modele. În timp ce, în mod individual, ele pot fi încă utile, de fapt, prin intersecția și suprapunerea informațiilor dintre ele pot fi formulate principalele decizii strategice raționale.

Analiza mediului urmează mai multe etape în care implementarea anumitor modele va influența construirea modelelor ulterioare. Deși colectarea de informații poate fi plictisitoare, analiza mediului este esențială pentru orice companie care dorește să mențină un avantaj competitiv durabil.

REZUMAT

- Primele urme ale analizei PESTLE au apărut în 1967 în cartea *Scanning the Business Environment* a profesorului Francis J. Aguilar, sub denumirea de analiză PEST. Studiată și dezvoltată de numeroși autori, aceasta a devenit ulterior modelul PESTLE așa cum îl cunoaștem astăzi.

- Principalele obiective ale analizei PESTLE sunt clasificarea variabilelor macroeconomice în șase categorii – politică, economică, socio-culturală, tehnologică, juridică și de mediu – și luarea unui pas înapoi, necesară pentru a anticipa și a asigura viitorul unei anumite companii.

  - Observarea acestor date vă permite să înțelegeți în ce mediu evoluează afacerea sau va evolua în viitor. Această viziune globală și macroeconomică este valabilă pentru toate companiile.

  - Principala dificultate a modelului constă în sortarea variabilelor relevante în funcție de activitatea în cauză. Colectarea acestora duce la identificarea variabilelor pivot care sunt considerate a avea o influență crucială asupra dezvoltării sănătoase a întreprinderii, dar a căror probabilitate este încă incertă.

  - Fie că este utilizată chiar înainte de lansarea unei noi companii, pentru lansarea unui nou produs sau proiect, pentru reorganizarea unei companii sau atunci când se confruntă cu schimbări iminente în mediul înconjurător, analiza PESTLE oferă informații semnificative despre variabilele pivot inerente unei anumite situații. Astfel, folosindu-se de observațiile sale, executivul va construi un număr de scenarii (de preferință un număr par) pe baza informațiilor colectate. Scopul este de a anticipa mai bine situațiile viitoare cu care compania se va confrunta probabil și de a oferi soluții pentru a asigura durabilitatea și viitorul companiei.

- Analiza PESTLE vă permite să inițiați o discuție proactivă despre viitorul companiei, pe baza variabilelor macroeconomice colectate anterior.

- Folosirea lui singură este interesantă, dar insuficientă. Analiza celor cinci (+1) forțe a lui Porter și analiza SWOT se pot dovedi un ajutor util în analiza mediului de afaceri (micro-mediu).

- Cazul companiei bpost demonstrează importanța analizei dacă mediul este favorabil pentru lansarea unui nou proiect atunci când compania se confruntă cu un mediu în schimbare.

- În cele din urmă, este important să ne amintim că analiza PESTLE este un instrument valoros, deși nu poate prezice cu certitudine ce ne rezervă viitorul. Cu toate acestea, ea permite companiilor să identifice tendințele majore pentru a se pregăti și a-și apăra mai bine avantajul competitiv.

ást
LECTURI SUPLIMENTARE

BIBLIOGRAFIE

AWT. (2013) *L'e-commerce 2013 en Wallonie.* [Online]. [Accesat la 11 mai 2015]. Disponibil la Internet Archive: < https://web.archive.org/web/20131202084750/http://www.awt.be/web/dem/index.aspx?page=dem,fr,b13,ent,050>.

Bpost. (2013) *Raportul anual Bpost 2012.* Bruxelles: Bpost.

Curau, L. (2012) Avantages concurrentiels: les cinq forces de Porter. *Cafedelabourse.com.* [Online]. [Accesat la 11 mai 2015]. Disponibil la: < https://www.cafedelabourse.com/dossiers/article/avantages-concurrentiels-les-5-forces-de-porter#>.

Dcosta, A. (2011) PESTLE Analysis History and Application. *Bright Hub Project Management.* [Online]. [Accesat la 11 mai 2015]. Disponibil la: < http://www.brighthubpm.com/project-planning/100279-pestle-analysis-history-and-application/>

Duguay, B. (2014) La capacité stratégique. *UQAM.*

Johnson, G., Scholes, K., Whittington, R. și Fréry, F. (2008) *Stratégique.* [ediția a 8-a]. Paris: Pearson Education.

Kashi, K. și Dočkalíková, I. (2014) MCDM Methods in Practice: Determinarea importanței criteriilor de analiză PESTEL. *Zilele internaționale de statistică și economie.* [Online]. [Accesat la 11 mai 2015]. Disponibil la: < http://msed.vse.cz/msed_2014/article/362-Dockalikova-Iveta-paper.pdf>

Lambin, J-J. şi de Moerloose, C. (2008) *Marketing strategic şi operaţional. Du marketing à l'orientation de marché.* [ediţia [a] [7-a]]. Paris: Dunod.

Lopez, F. (2011) L'analyse PESTEL. *Actinnovation.* [Online]. [Accesat la 11 mai 2015]. Disponibil la: < http://www.actinnovation.com/innobox/outils-innovation/analyse-pestel>

Nadkarni, S. şi Narayanan, V. K. (2007) Strategic Schemas, Strategic Flexibility, and Firm Performance: the Moderating Role of Industry Clockspeed. *Strategic Management Journal.* 28(3), pp. 243-270.

Analiză PESTLE. (2014) *Ce este analiza PESTLE?* [Online]. [Accesat la 11 mai 2015]. Disponibil la: <http://pestleanalysis.com/>.

Porter, M. E. (2008) The Five Competitive Forces That Shape Strategy. *Harvard Business Review.* 86(1), pp. 25-40.

Poştă şi colet. (2012) *Bpost Extends Same-Day Home Delivery Trials.* [Online]. [Accesat la 11 mai 2015]. Disponibil la: <http://postandparcel.info/52078/news/companies/bpost-extends-same-day-home-delivery-trials/>.

Srivastava, R. K., Fahey, L. şi Christensen, H. K. (2014) The resource-Based View and Marketing: The Role of Market-Based Assets in Gaining Competitive Advantage (Rolul activelor bazate pe piaţă în obţinerea avantajului competitiv). *Journal of Management.* 27(6), pp. 777-802.

SURSE SUPLIMENTARE

Aguilar, F. J. (1967) *Scanning the Business Environment.* New York: Macmillan.

site-ul *bpost*. http://www.bpost.be/site/fr/postgroup/index.html

Site-ul *Happycapital*. http://www.happy-capital.com/

Silva, N. (2012) SWOT Analysis vs PEST Analysis and When to Use Them. *Creately*. [Online]. [Accesat la 11 mai 2015]. Disponibil la: <http://creately.com/blog/diagrams/swot-analysis-vs-pest-analysis/>

Walsh, P. R. (2005) Dealing With The Uncertainties of Environmental Change by Adding Scenario Planning to The Strategy Reformulation Equation. *Management Decision*. 43(1), pp. 113-122.

Yüksel, I. (2012) Developing a Multi-Criteria Decision Making Model for PESTEL Analysis. *Jurnalul internaţional de afaceri şi management*. 7(24).

Vrem să auzim de la tine!
Lasă un comentariu despre biblioteca ta online
şi împărtăşeşte cărţile tale preferate pe reţelele de socializare!

Editorul asigură fiabilitatea informațiilor publicate,
care nu ar putea însă angaja răspunderea sa.

Master ISBN: 9782808600859
Hârtie ISBN: 9782808602303
Depozit legal: D/2022/12603/231

Design digital: Primento,
partenerul digital al editurilor.